Adding and taking away

| 18 | 25 | 32 | 54 | | |
|+ 2|+ 3|+ 7|+ 3| | |

| 52 | 55 | 21 | 34 | 44 | 53 |
|+16 |+13 |+22 |+21 |+24 |+25 |

| 13 | 18 | 29 | 25 | 32 | 45 |
|− 3 |−10 |− 6 |− 4 |−10 |−11 |

| 49 | 56 | 59 | 60 | 67 | 71 |
|−15 |−14 |−21 |−10 |−23 |−11 |

| 25 | 29 | 34 | 36 | 48 | 42 |
|+12 |−15 |+22 |−13 |−24 |+23 |

| 55 | 51 | 60 | 69 | 71 | 77 |
|−32 |+27 |+28 |−43 |+21 |−34 |

| 87 | 81 | 98 | 99 | 94 | 36 |
|−52 |+18 |−64 |−82 |+ 5 |+33 |

| 65 | 74 | 73 | 88 | 95 | 84 |
|+21 |−33 |+13 |−36 |−22 |+12 |

3

Adding

| 21 | 35 | 42 | 17 | 24 | 31 |
| 32 | 11 | 10 | 30 | 21 | 45 |
+14	+23	+26	+22	+34	+20

| 6 | 8 | 7 | 9 | 4 | 5 |
+4	+2	+3	+1	+6	+5

| 8 | 9 | 5 | 7 | 6 | 10 |
+3	+2	+8	+7	+9	+8

| 6 | 4 | 7 | 3 | 5 | 5 |
| 3 | 2 | 1 | 4 | 1 | 2 |
+2	+4	+2	+3	+4	+5

| 2 | 9 | 7 | 6 | 5 | 9 |
| 4 | 3 | 4 | 6 | 5 | 9 |
+8	+3	+5	+5	+9	+2

| 3 | 7 | 5 | 9 | 8 | 7 |
| 4 | 4 | 6 | 8 | 5 | 9 |
+9	+8	+8	+3	+9	+7

Adding

3 + 19	4 + 17	7 + 15	5 + 16	8 + 17	6 + 18	9 + 17
27 + 8	34 + 9	48 + 6	56 + 9	63 + 8	76 + 7	79 + 6
26 + 5	28 + 4	36 + 7	49 + 4	56 + 8	72 + 9	83 + 7

19 + 22	18 + 24	16 + 28	17 + 28	15 + 25	14 + 29	17 + 29
24 + 37	27 + 38	29 + 35	34 + 28	46 + 27	48 + 34	55 + 36
58 + 29	64 + 27	32 + 39	53 + 29	49 + 49	35 + 57	58 + 38
46 + 38	35 + 49	81 + 19	62 + 28	39 + 46	56 + 37	73 + 19
34 + 37	57 + 26	79 + 16	66 + 28	48 + 37	82 + 18	77 + 23

Taking away

10 − 8	10 − 7	10 − 9	10 − 3	10 − 5	10 − 1	10 − 6
11 − 9	13 − 4	12 − 7	11 − 4	12 − 6	11 − 5	13 − 8

20 − 15	20 − 17	20 − 19	20 − 13	20 − 16	20 − 18	20 − 11
30 − 27	30 − 21	30 − 29	40 − 36	50 − 48	60 − 55	70 − 62
30 − 24	50 − 47	70 − 65	90 − 83	40 − 32	80 − 71	90 − 56

21 − 12	21 − 18	27 − 19	23 − 14	28 − 19	35 − 17	42 − 15
25 − 16	37 − 18	44 − 17	50 − 38	82 − 46	73 − 29	61 − 48
46 − 37	53 − 35	62 − 46	70 − 49	84 − 57	92 − 68	95 − 89

Taking away

28	24	32	34	41	43	47
− 19	− 17	− 18	− 16	− 37	− 25	− 39

51	84	31	93	55	36	62
− 34	− 55	− 13	− 86	− 25	− 17	− 45

81	71	25	48	33	52	87
− 54	− 37	− 9	− 29	− 18	− 44	− 19

63	95	56	44	75	91	80
− 56	− 66	− 18	− 35	− 67	− 35	− 39

45	35	85	73	53	92	61
− 16	− 17	− 67	− 54	− 45	− 77	− 36

38	57	74	97	86	46	60
− 29	− 38	− 25	− 49	− 57	− 38	− 35

37	62	81	45	67	92	51
− 19	− 34	− 33	− 19	− 38	− 25	− 28

52	74	95	66	87	53	94
− 26	− 37	− 28	− 49	− 28	− 37	− 55

Adding and taking away

22	36	26	30	38	44	42
+ 33	+ 47	− 13	− 15	+ 26	− 15	+ 19

57	13	74	41	23	65	54
− 38	+ 57	− 49	+ 37	+ 39	− 27	+ 25

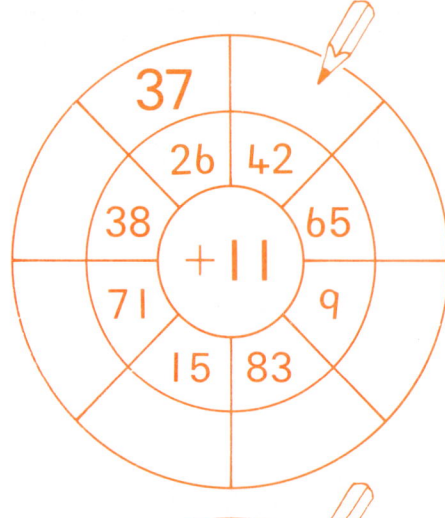 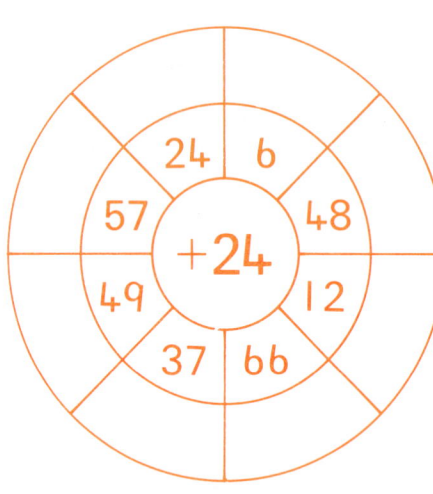 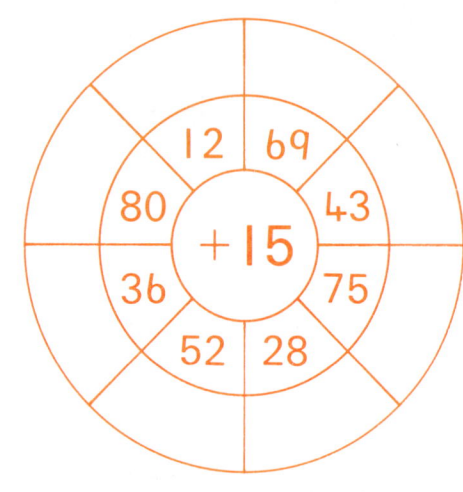

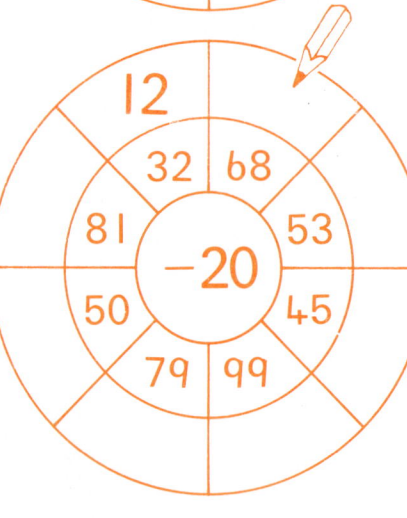 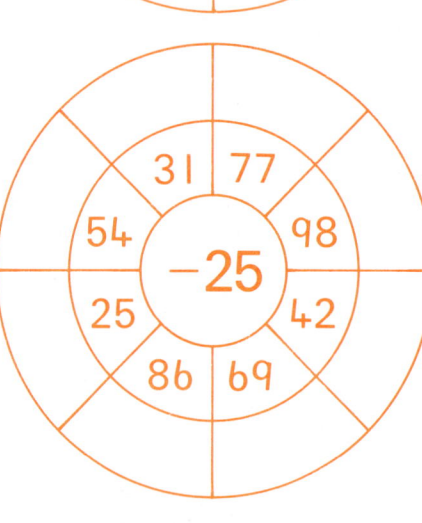 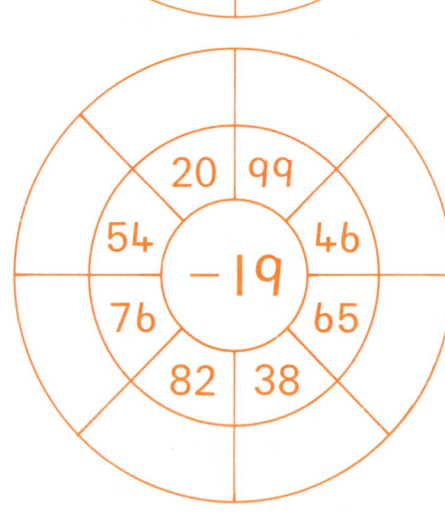

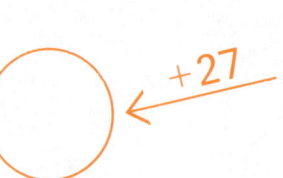 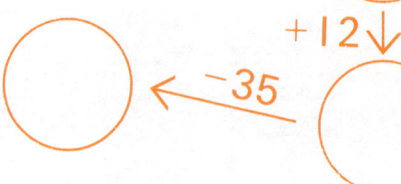

4 s

Give the string 4 balloons

☐ balloons

Give each house 4 chimneys

☐ chimneys

Give each dog 4 legs

☐ legs

Give each pencil case 4 pencils

☐ pencils

Give each basket 4 eggs

☐ eggs

Give each box 4 chocolates

☐ chocolates

Give each flower 4 petals

☐ petals

Give each cat 4 whiskers

☐ whiskers

Give each bun 4 cherries

☐ cherries

Give each butterfly 4 wings

☐ wings

9

Count the legs on the tables

1 table has ☐ legs.

2 tables have ☐ + ☐ = ☐ legs.

3 tables have ☐ + ☐ + ☐ = ☐ legs.

4 tables have ☐ + ☐ + ☐ + ☐ = ☐ legs.

5 tables have ☐ + ☐ + ☐ + ☐ + ☐ = ☐ legs.

6 tables have ☐ + ☐ + ☐ + ☐ + ☐ + ☐ = ☐ legs.

7 tables have ☐ + ☐ + ☐ + ☐ + ☐ + ☐ + ☐ = ☐ legs.

8 tables have ☐ + ☐ + ☐ + ☐ + ☐ + ☐ + ☐ + ☐ = ☐ legs.

9 tables have ☐ + ☐ + ☐ + ☐ + ☐ + ☐ + ☐ + ☐ + ☐ = ☐ legs.

10 tables have ☐ + ☐ + ☐ + ☐ + ☐ + ☐ + ☐ + ☐ + ☐ + ☐ = ☐ legs.

Number of tables	1	2	3	4	5	6	7	8	9	10
Number of legs										

Colour the 4 family

1	2	3	4	5	6	7	8	9	10
11	12	13	14	15	16	17	18	19	20
21	22	23	24	25	26	27	28	29	30
31	32	33	34	35	36	37	38	39	40

Write the 4 family

| 4 | 8 | | | | | | | | |

1(4) = ☐   2(4) = ☐   3(4) = ☐   4(4) = ☐
5(4) = ☐   6(4) = ☐   7(4) = ☐   8(4) = ☐
9(4) = ☐   10(4) = ☐

4(4) = ☐   7(4) = ☐   2(4) = ☐   3(4) = ☐
1(4) = ☐   6(4) = ☐   10(4) = ☐   9(4) = ☐
5(4) = ☐   8(4) = ☐

Sharing among 4

Share
 each
$4 \div 4 = 1$

Share
 each
$8 \div 4 = \square$

Share
 each
$12 \div 4 = \square$

Share
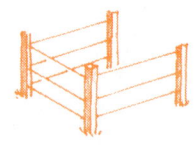 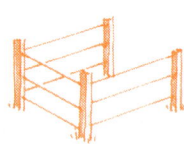 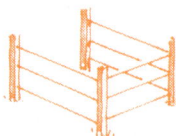 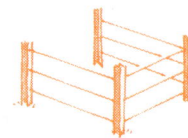
$\square$ each
$16 \div 4 = \square$

Share
 each
$20 \div 4 = \square$

Sharing among 4

Share      ☐ each

24 ÷ 4 = ☐

Share    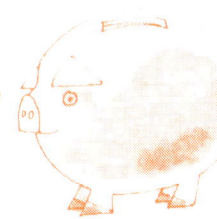 ☐ each

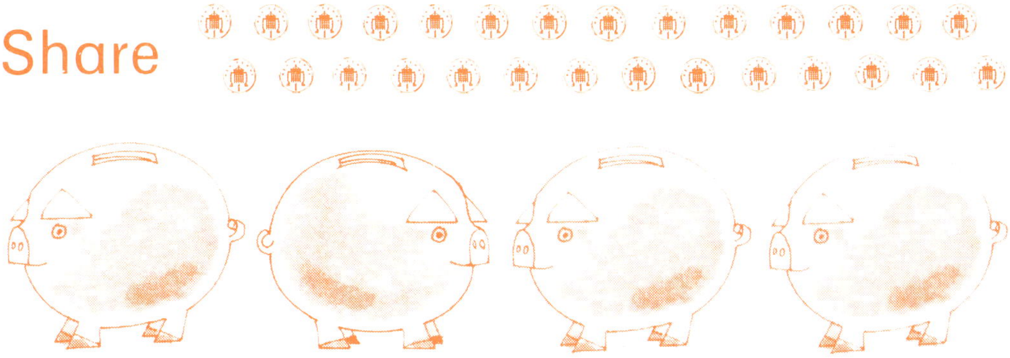

28 ÷ 4 = ☐

Share 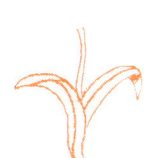    ☐ each

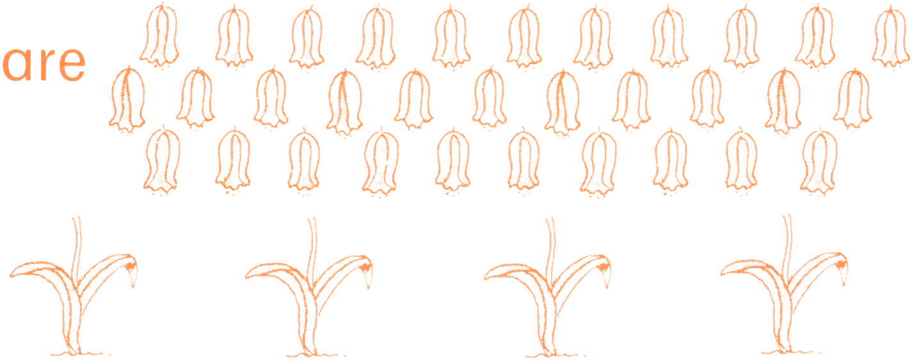

32 ÷ 4 = ☐

Share  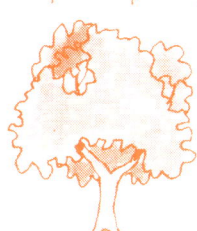   ☐ each

36 ÷ 4 = ☐

Share     ☐ each

40 ÷ 4 = ☐

13

4s

4 ÷ 4 = ☐   8 ÷ 4 = ☐   12 ÷ 4 = ☐
16 ÷ 4 = ☐   20 ÷ 4 = ☐   24 ÷ 4 = ☐
28 ÷ 4 = ☐   32 ÷ 4 = ☐   36 ÷ 4 = ☐
                  40 ÷ 4 = ☐

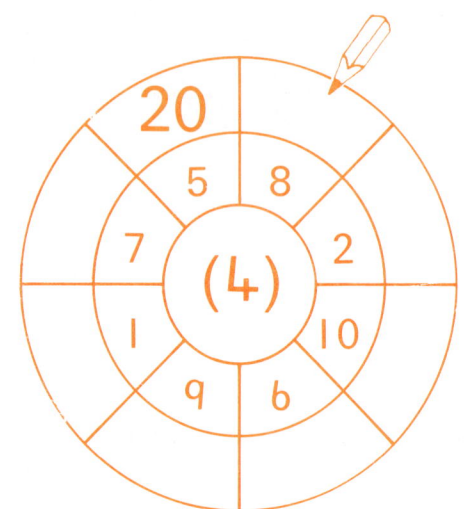   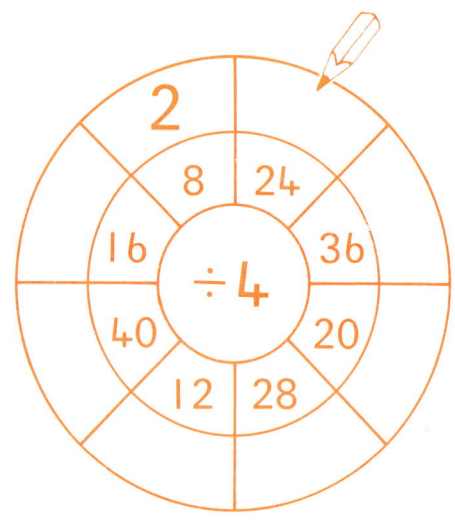

1(4) = ☐   8 ÷ 4 = ☐   8(4) = ☐
20 ÷ 4 = ☐   28 ÷ 4 = ☐   2(4) = ☐
40 ÷ 4 = ☐   6(4) = ☐   24 ÷ 4 = ☐
3(4) = ☐   32 ÷ 4 = ☐   4 ÷ 4 = ☐
12 ÷ 4 = ☐   10(4) = ☐   4(4) = ☐
7(4) = ☐   16 ÷ 4 = ☐   9(4) = ☐
36 ÷ 4 = ☐   5(4) = ☐

How much money?

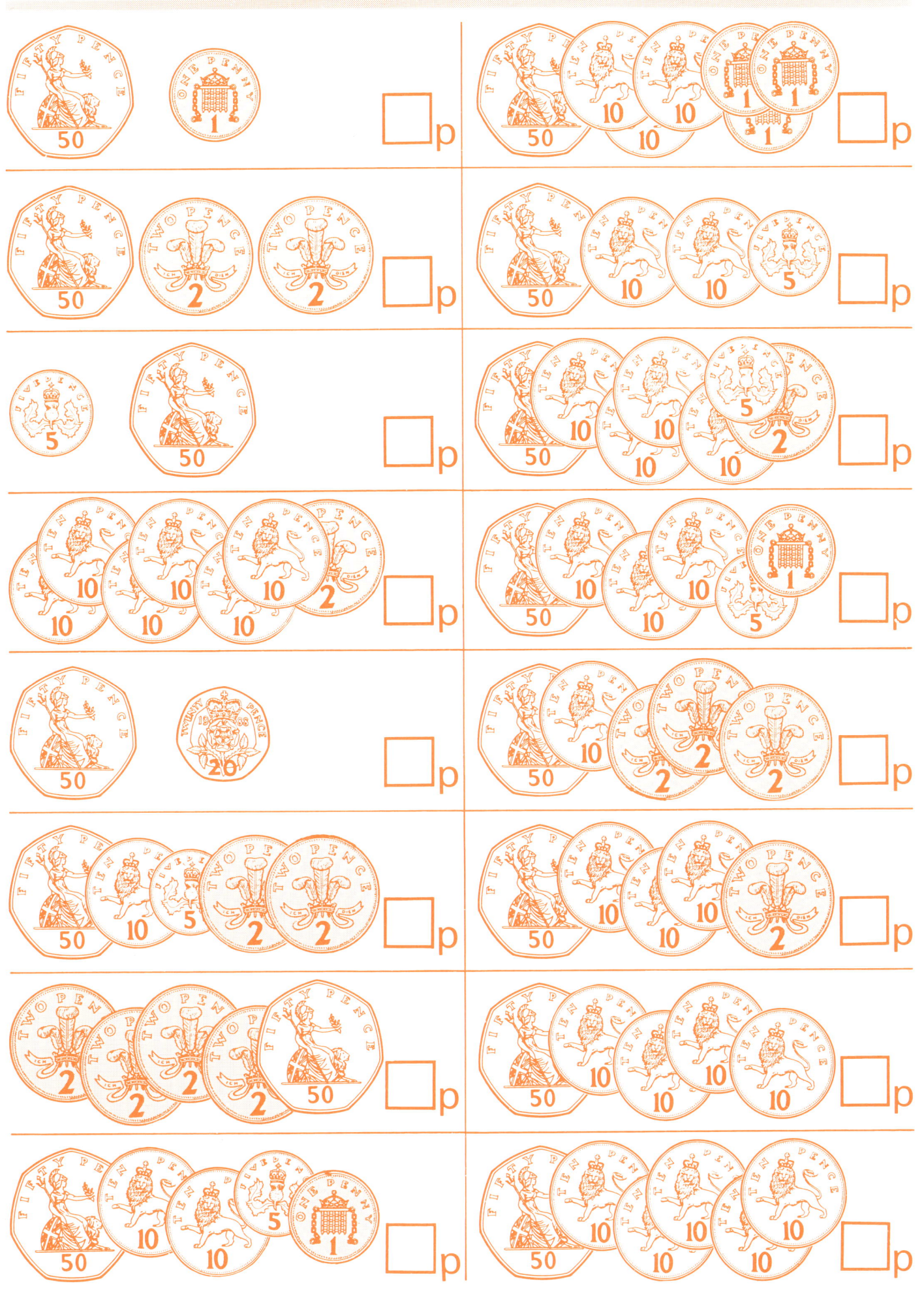

How many coins make £1·00?

Use 5	Use 10	Use 20	Use 50
5p 5p			

Shopping

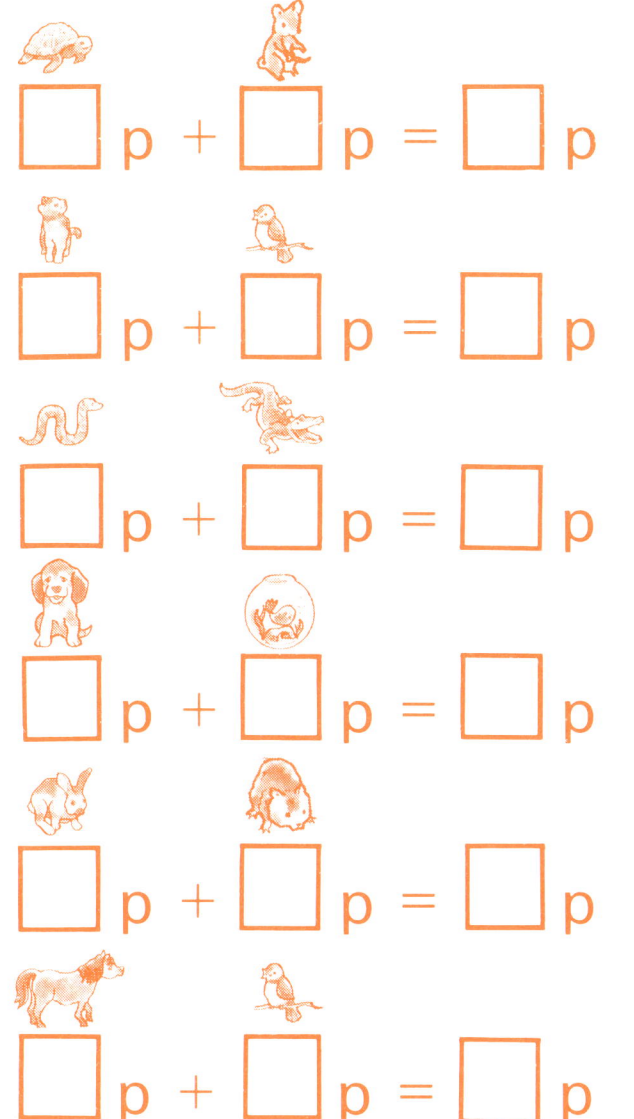

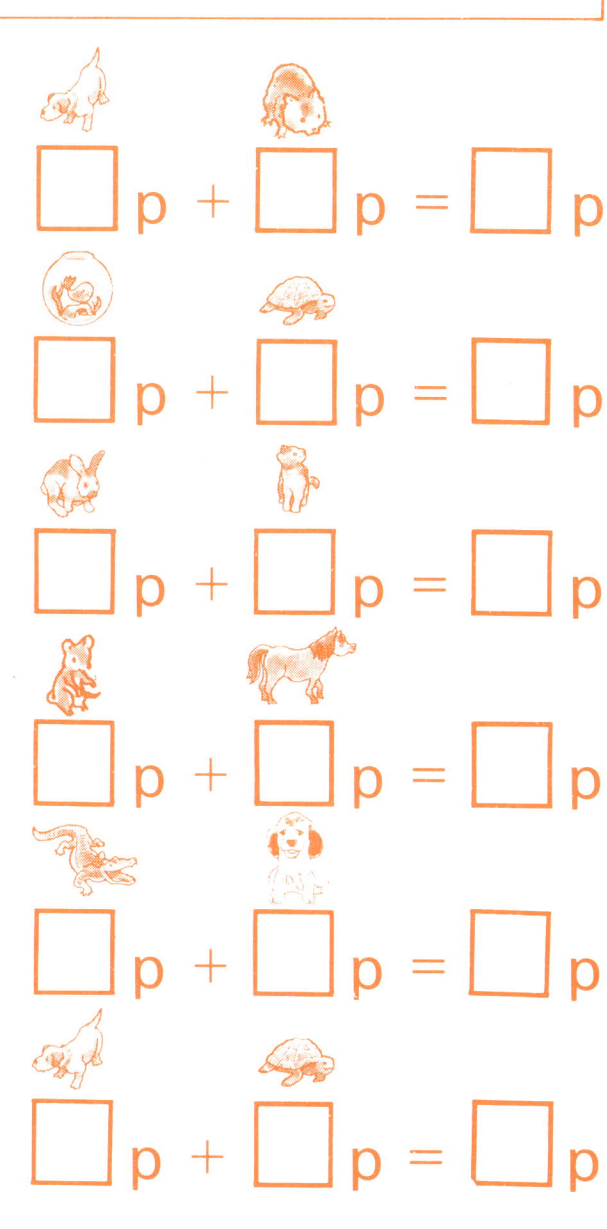

Shopping

50 − ☐p = ☐p (cat)

50 − ☐p = ☐p (tortoise)

50 − ☐p = ☐p (fishbowl)

50+10+10 − ☐p = ☐p (dog)

10+10+10 − ☐p = ☐p (rabbit)

50+20+20 − ☐p = ☐p (pony)

65p − 🐍 ☐p = ☐p

54p − 🐦 ☐p = ☐p

90p − 🐭 ☐p = ☐p

£1·00 − 🐶 ☐p = ☐p

72p − 🐊 ☐p = ☐p

89p − 🐕 ☐p = ☐p

95p − 🐟 ☐p = ☐p

£1·00 − 🐈 ☐p = ☐p

5s

Count the spots on the dominoes

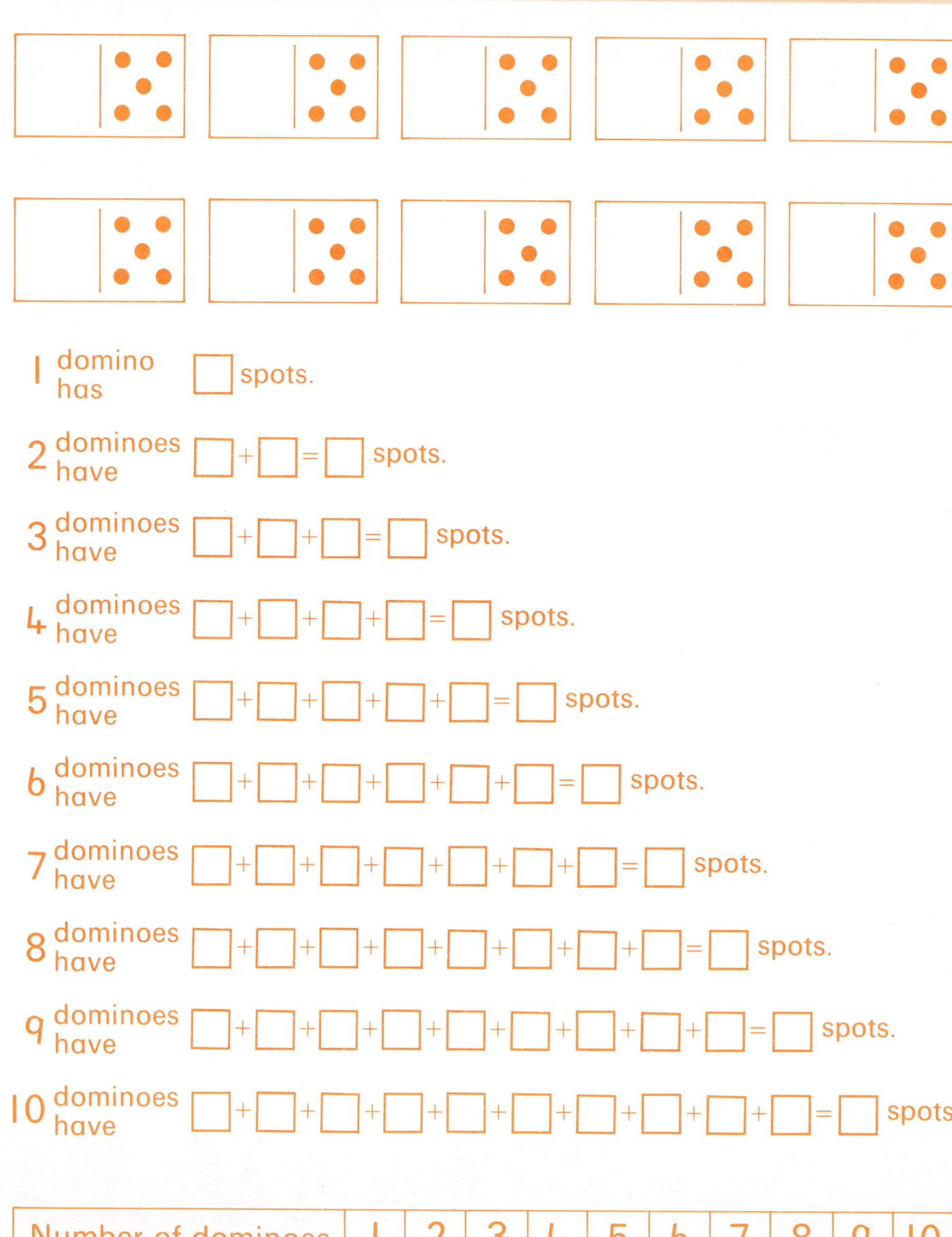

Colour the 5 family

1	2	3	4	5	6	7	8	9	10
11	12	13	14	15	16	17	18	19	20
21	22	23	24	25	26	27	28	29	30
31	32	33	34	35	36	37	38	39	40
41	42	43	44	45	46	47	48	49	50

Write the 5 family

| 5 | 10 | | | | | | | | |

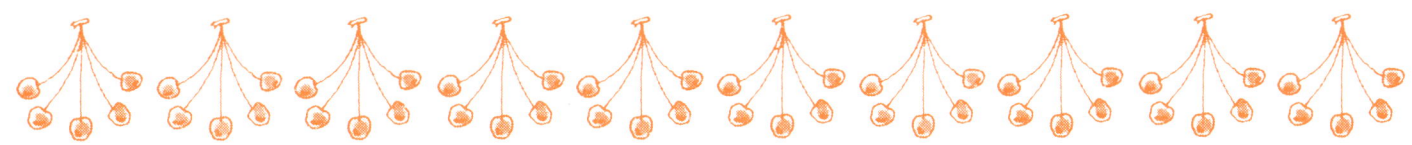

1(5) = ☐   2(5) = ☐   3(5) = ☐   4(5) = ☐
5(5) = ☐   6(5) = ☐   7(5) = ☐   8(5) = ☐
9(5) = ☐   10(5) = ☐

5(5) = ☐   3(5) = ☐   6(5) = ☐   2(5) = ☐
8(5) = ☐   1(5) = ☐   10(5) = ☐   4(5) = ☐
7(5) = ☐   9(5) = ☐

Sharing among 5

Share

☐ 1 each

5 ÷ 5 = ☐

Share

☐ each

10 ÷ 5 = ☐

Share

☐ each

15 ÷ 5 = ☐

Share

☐ each

20 ÷ 5 = ☐

Share

☐ each

25 ÷ 5 = ☐

Sharing among 5

Share ☐ each 30 ÷ 5 = ☐

Share ☐ each 35 ÷ 5 = ☐

Share ☐ each 40 ÷ 5 = ☐

Share ☐ each 45 ÷ 5 = ☐

Share ☐ each 50 ÷ 5 = ☐

5s

5 ÷ 5 = ☐   10 ÷ 5 = ☐   15 ÷ 5 = ☐
20 ÷ 5 = ☐   25 ÷ 5 = ☐   30 ÷ 5 = ☐
35 ÷ 5 = ☐   40 ÷ 5 = ☐   45 ÷ 5 = ☐
               50 ÷ 5 = ☐

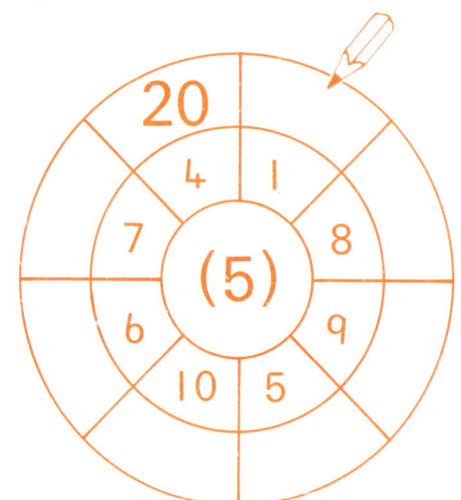
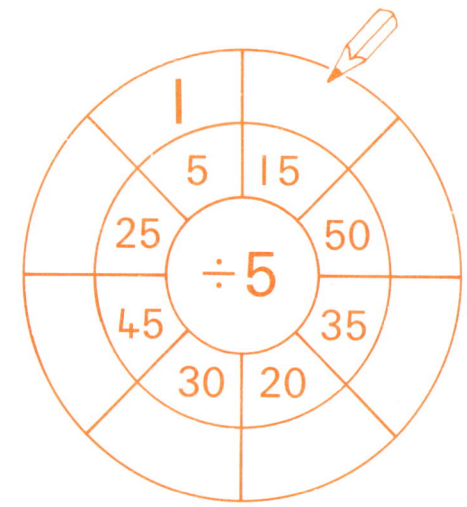

1(5) = ☐   20 ÷ 5 = ☐   4(5) = ☐
10 ÷ 5 = ☐   30 ÷ 5 = ☐   8(5) = ☐
40 ÷ 5 = ☐   9(5) = ☐   5 ÷ 5 = ☐
5(5) = ☐   45 ÷ 5 = ☐   25 ÷ 5 = ☐
50 ÷ 5 = ☐   3(5) = ☐   2(5) = ☐
10(5) = ☐   15 ÷ 5 = ☐   7(5) = ☐
35 ÷ 5 = ☐   6(5) = ☐

Shopping

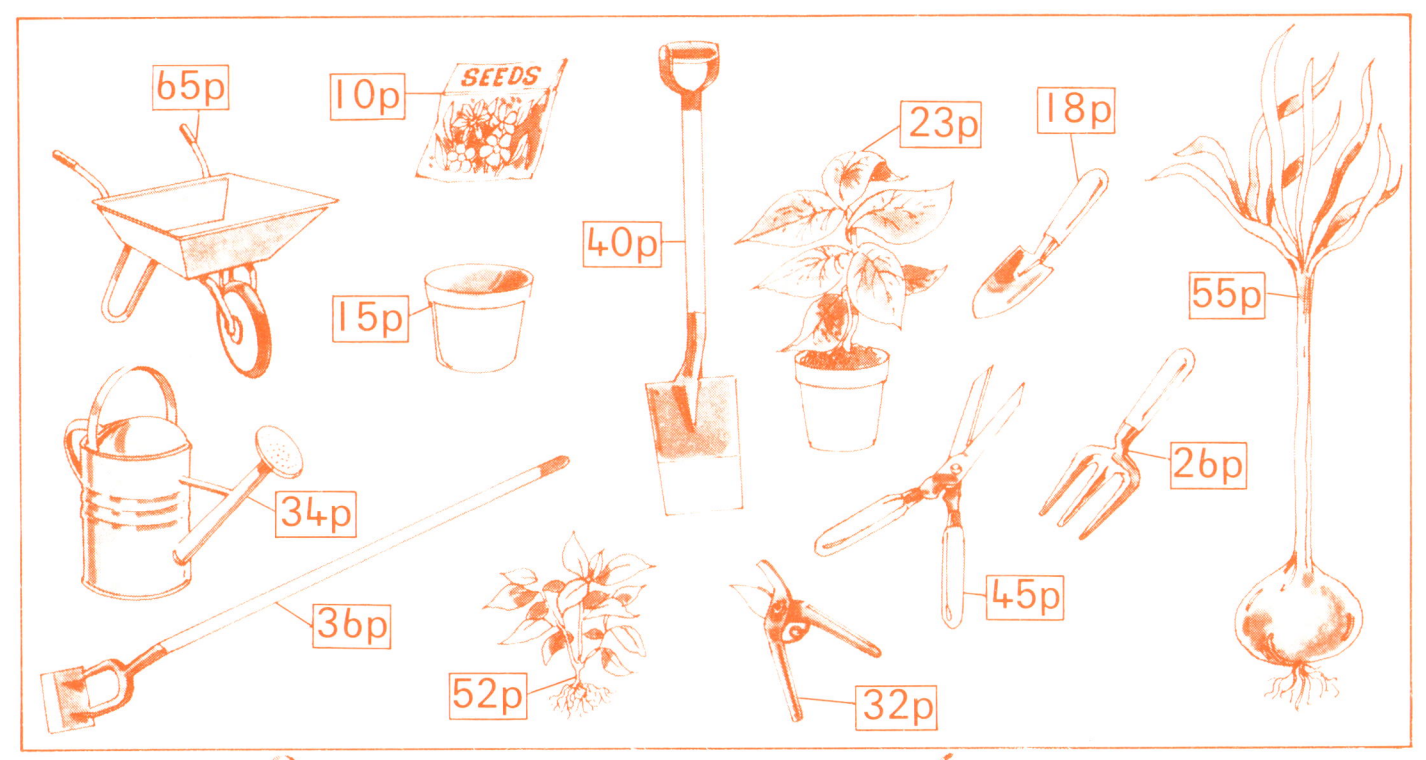

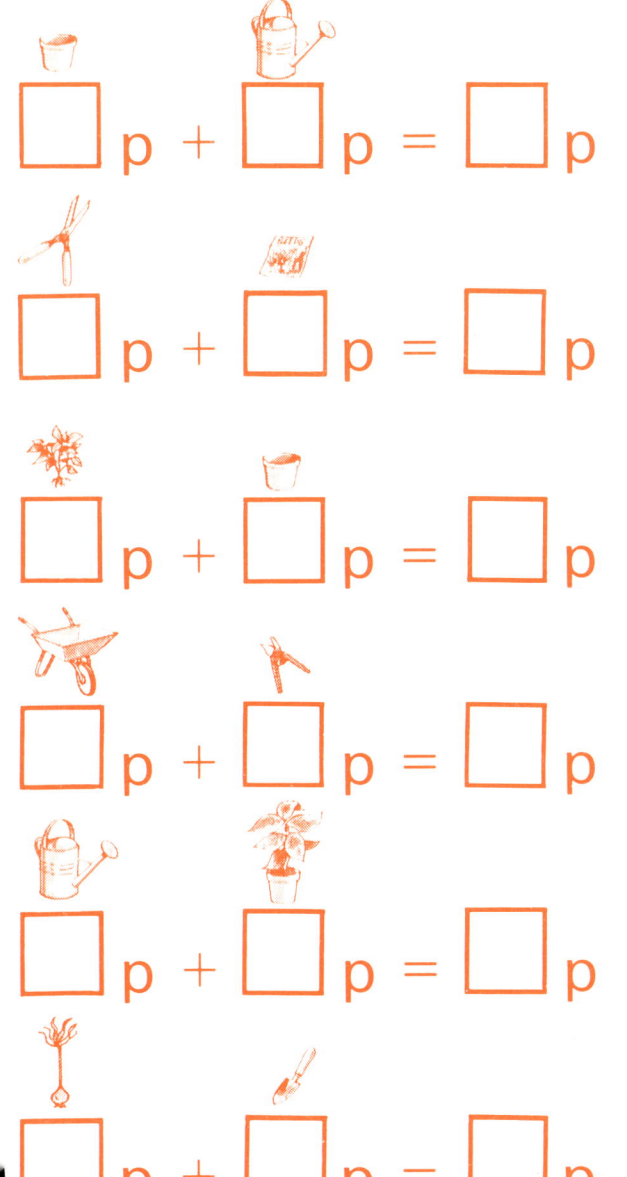

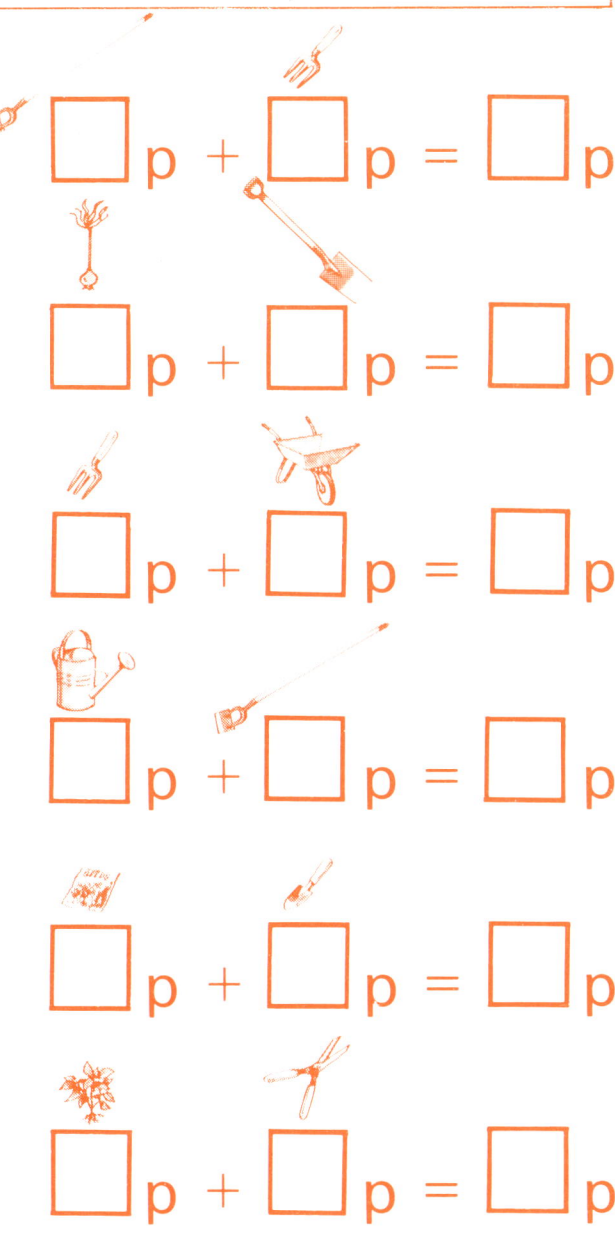

Shopping

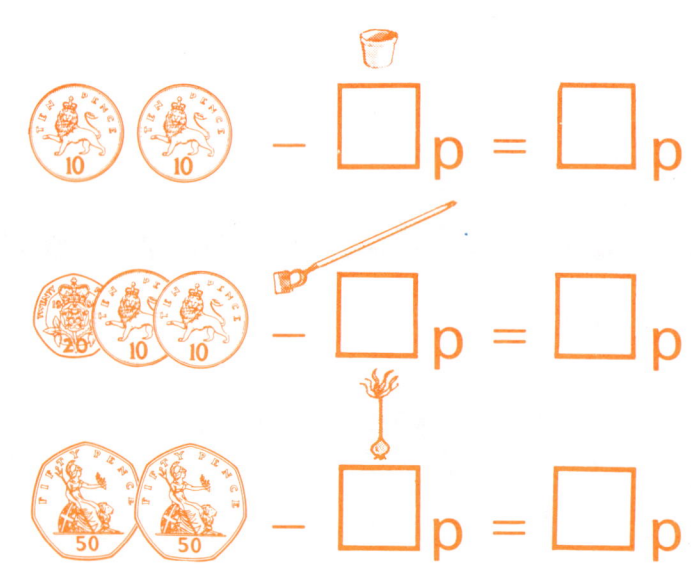

82p − 🪣 ☐p = ☐p

74p − 🌱 ☐p = ☐p

86p − 🪴 ☐p = ☐p

98p − 🛒 ☐p = ☐p

79p − 🍴 ☐p = ☐p

£1·00 − 🌿 ☐p = ☐p

97p − 🔧 ☐p = ☐p

£1·00 − 🪣 ☐p = ☐p